Ein
Geschenk
für

Mit herzlichen
Grüßen
von

AF203950

Bestell-Nr.: RKW 5202

2. Auflage 2022

© 2020 Kawohl Verlag, 46485 Wesel
Alle Rechte vorbehalten

Titelbild: Getty Images / KCHANDE
Alle Innenbilder Getty Images:
TomasSereda (6), Leonid Ikan (9), starmaro (10), ChrisBoswell (13),
Shaiith (14), Moiz Husein (17), marcutti (18), klagyivik (21),
CPaulussen (22), FatManPhotoUK (25), Shaiith (26)

Bibeltext der Neuen Genfer Übersetzung – Neues Testament und Psalmen
Copyright © 2011 Genfer Bibelgesellschaft. Wiedergegeben mit freundlicher
Genehmigung. Alle Rechte vorbehalten.

Gestaltung und Zusammenstellung: Kawohl Verlag / J. Dörr

Druck und Verarbeitung: Drukarnia Dimograf, Bielsko-Biała, Polen

ISBN 978-3-86338-202-5

Ich schenke dir

Psalm 121

Meine Hilfe kommt vom Herrn

kawohl

Ich richte

meinen *Blick* empor

zu den Bergen –

woher wird *Hilfe*
für mich kommen?

Meine Hilfe
kommt vom Herrn,
der
Himmel und *Erde*
geschaffen hat.

Er bewahrl

deine **Füße**

vor dem
Stolpern;

er, dein

Beschützer,

schläft niemals.

Ja, der Beschützer Israels
schläft und
schlummert nicht!

Der Herr
behütet
dich,

der Herr spendet
dir
Schatten
und steht dir bei,

damit *Tag*
dich am
die Sonne
nicht sticht

und in der Nacht

der *Mond*

dir nicht schadet.

Der Herr
wird *behüten*
dich
vor jedem Unheil,
er bewahrt dein Leben.

Der Herr
behütet dich,
wenn du
gehst
und
wenn du
kommst

jetzt
und
für
alle Zeit.

Psalm 121

Meine Hilfe kommt vom Herrn

1   *Ein Wallfahrtslied, gesungen auf dem Weg
    hinauf nach Jerusalem.*

    *Ich richte meinen Blick empor zu den Bergen –
    woher wird Hilfe für mich kommen?*
2   *Meine Hilfe kommt vom Herrn,
    der Himmel und Erde geschaffen hat.*
3   *Er bewahrt deine Füße vor dem Stolpern;
    er, dein Beschützer, schläft niemals.*
4   *Ja, der Beschützer Israels schläft
    und schlummert nicht!*

5   *Der Herr behütet dich,*
     der Herr spendet dir Schatten
     und steht dir bei,

6   *damit dich am Tag die Sonne nicht sticht*
     und in der Nacht der Mond dir nicht schadet.

7   *Der Herr wird dich behüten vor jedem Unheil,*
     er bewahrt dein Leben.

8   *Der Herr behütet dich,*
     wenn du gehst und wenn du kommst –
     jetzt und für alle Zeit.

Seit mehr als 2000 Jahren gehören die Psalmen
zu den Begleitern der Menschen,
die an Gott glauben.

In Freude und Trauer,
in guten und auch in schweren Zeiten,
können diese Worte der Heiligen Schrift
neue Hoffnung, Vertrauen und Glauben wecken.

Oft haben Menschen berichtet,
dass sie ein Psalm das ganze Leben begleitet hat.

Möge der Psalm 121,
der jetzt als kleines Buch in Ihren Händen liegt,
solch ein kleiner Begleiter für Sie werden.